AF563670

GALLIÆ LIBERTAS.

RAPPORT ADRESSÉ

A MM. les honorables Membres du Comité Civil du District DES MATHURINS, *remis par M. le Chevalier* DE FAVANNE, *Capitaine, à M. le Président* DESPERAT, *Vendredi 24 Juillet 1789, de la part de M. le Chevalier* QUESNAY DE BEAUREPAIRE, *ancien Commandant en Chef des Milices Parisiennes du District des Mathurins.*

MESSIEURS,

PÉNÉTRÉ du plus respectueux dévouement pour la cause sacrée de la Liberté Patriotique; je l'ai défendue, ainsi que je continuerai de le faire tant qu'il coulera une goutte de sang dans mes veines.

Dimanche 12 à sept heures du soir, à la place Louis XV, je fus témoin de la première hostilité, du massacre d'un nombre de citoyens innocens, entr'autres d'un de nos braves Gardes Françaises, qui le premier tomba à mes pieds, d'un malheureux vieillard que le prince Lambesc frappa de plusieurs coups de sabres dans le jardin des Thuilleries sous mes yeux.

Le Lundi 13, sur l'avis de MM. les Electeurs de Paris, ce fut moi, sans contredit, Messieurs, qui un des premiers ai eu la hardiesse de porter l'alarme dans le quartier où je réside, & de faire sonner le tocsin dans l'église de S. Benoît. Il est de toute impossibilité, Messieurs, de pouvoir me contester l'honneur d'avoir reçu l'ordre de commander en chef les deux cents premiers braves & honnêtes citoyens qui se sont rendus le même jour à l'hôtel de ville rangés sous les drapeaux défenseurs du Roi & de la Patrie.

J'en appelle, Messieurs, au serment & à l'honneur de tous les braves citoyens qui m'ont fait celui de me suivre à deux différentes reprises à l'hôtel de ville pour avoir des armes, ensuite aux Chartreux, puis aux Invalides, enfin vers la place Louis XV, &c.; qu'ils aient la bonté d'attester ma conduite dans toutes les circonstances où j'ai eu l'honneur de marcher à leur tête. J'en appelle à tous les citoyens de la capitale, qui dans cette horrible confusion ont été à portée de fixer leurs regards sur ma personne ; je les supplie de décider si ma conduite & mes actions leur ont paru patriotiques ou non. J'en appelle à vous même, honorables membres de ce comité & de l'assemblée générale de ce district, ainsi qu'à tous ses habitans & des circonvoisins, si animé du zèle le plus pur & le plus sacré, je n'ai pas fait tout ce qui dépendoit de mon pouvoir, pour la conservation de leurs vies, jusqu'à chercher, découvrir & assurer une issue secrette chez les Mathurins, pour donner aux soldats citoyens la facilité de s'évader, dans le cas, où ils eussent été cernés par les ennemis & surpris sans défense dans les nuits du 13, 14 & 15 Juillet, & si dans les momens les plus dangereux, pendant les horreurs & l'obscurité des nuits, où des Capitaines & des Soldats redoutoient de faire patrouille de quarante hommes, je ne les ai pas fait moi même en très-petit nombre d'hommes, le plus souvent seul, jusques dans les lieux les plus écartés, pour obtenir des renseignemens, soit pour faire mettre les citoyens sur leur garde, soit pour tranquiliser des vieillards, femmes & enfans, postés aux fenêtres, armés de pierres, de bouteilles d'eau, d'huile & d'eau bouillantes, de cendres, jusqu'à des meubles; n'attendant que les ordres du Commandant en Chef pour en assaillir les ennemis dans le cas où ils eussent eu la témérité & l'infamie de pénétrer jusques dans leurs foyers. Les droits que je reclame ici, Meſſieurs, ne ſont point perſonnels, & n'ont aucun rapport avec ceux de la Nobleſſe.

D'après la trahiſon horrible & de lèze-Nation qui vient d'être découverte, & que nous avons eu le bonheur de faire échouer, ces ſortes de droits & priviléges ſont peut être très-incertains pour tous ceux qui dans cet affreux & mémorable moment-ci ne s'en ſont pas inconteſtablement prouvés dignes par leurs ſentimens, & encore plus, par un ſincère dévouement pour la cauſe ſacrée de la défenſe du Roi & de la patrie.

Mais, Meſſieurs, s'il m'étoit permis de vous demander une grace, maintenant je réclamerois de vous & l'honneur & la juſtice, les trois Ordres en poſsèdent une égale part, j'en ſuis plus convaincu que jamais. Permettez donc, Meſſieurs, qu'après avoir remis dans ſon fourreau l'épée qui a ſervi, depuis lundi 13 juſqu'au 23, à défendre notre Roi & la grande cauſe commune ; ma plume trace ici ce que je n'ai pu faire entendre hier à votre reſpectable Aſſemblée : quand bien même ma foible voix n'eut pas été enrouée & affoiblie par le travail & les fatigues de ſix jours & ſix nuits ſans relâche, il eut été impoſſible de me faire prêter l'oreille, la partie de quatre ou cinq contre près de deux cents n'étant point du tout égale.

Quand il fut queſtion, le 22, de la formule de

convocation du district, on a délibéré, Messieurs, pour sçavoir de quelle manière elle devoit se faire, & si dans cette convocation les trois Ordres seroient séparement & distinctement dénommés. Mon opinion a été, Messieurs, celle de *Convocation des Citoyens*, tous les membres d'un ordre quelconque (sauf meilleur avis) devant avoir mérités ce respectable titre, avant qu'ils puissent être admissibles dans un ordre d'Etat. Cette idée fut adoptée, la convocation imprimée & affichée, les trois Odres se rassemblèrent à-peu-près dans la proportion d'une vingtaine de Citoyens du Clergé (braves, sans doute, puisqu'ils prirent les armes) & de cinq de la Noblesse, qui osèrent se déclarer conjointement avec l'autre opprimée & respectable Classe. Ces 5 Gentilhommes très-sérieusement occupés à remplir leurs devoirs de Ciyoyens patriotes, & d'ailleurs en pleine confiance sur l'équité, les égards mêmes avec lesquels jusqu'alors les honorables Membres de l'Assemblée en avoient agi envers eux, se croyant par leur conduite vraiment patriotique, sous la sauve-garde & la protection des honorables Membres, étoient bien éloignés de s'imaginer devoir se mettre en garde contre des sentimens opposés que l'on cherche à faire adopter à ces Membres*, & qui, en un instant ont bouleversé le commun accord, détruit & anéanti des droits très-légitimement dus, que l'honneur, la justice & la reconnoiſſance euſſent dû leur conſerver inviolables.

Il ſembleroit, Meſſieurs, maintenant que c'eſt un deshonneur pour nous & un titre d'excluſion, ſi le haſard nous a fait naître *Nobles*. Cette opinion, ſans doute, eſt celle qui vient nous enlever l'honneur de participer au commandement du diſtrict des Mathurins.

Cependant, Meſſieurs, parmi les cinq qui ont oſé ſe déclarer à ce diſtrict, M. le Comte***, comme Capitaine; M. le Chevalier d'Orville père, Aide-Major; M. ſon Fils, Capitaine, ſe ſont dans les momens de criſe très-bravement comportés; M. le Chr. de Favanne, Capt. ayant reçu de moi les ordres d'aller avec 27 hommes, à la Baſtille, (après la priſe, pour avoir des armes) accompagné de MM. Thomas & La fortune (*a*), Sergens, en a rapporté un Canon, & amené à l'Hôtel de Ville deux priſonniers, l'un Secrétaire & l'autre Valet-de-Chambre de M. de Launai & un monceau de paperaſſe. Moi, (*b*) Meſſieurs, dès le premier jour unanimement nommé au poſte honorable de commandant des Mathurins; je fis de mon mieux pour répondre aux vœux de mes reſpectables commettans pendant les trois pre-

(*a*). Invalide, qui le 16 arrêta un bateau de poudre.

(*b*). Un des premiers & peut-être le ſeul qui ſe ſoit ouvertement & publiquement avoué chef de diſtrict dès le lundi 13.

miers jours de crise ; mais le danger étant devenu moins évident, des principes de justice, de reconnoissance & un point de délicatesse m'engagèrent à céder volontairement mon commandement général à un homme peut être respectable à tous égards, mais duquel j'avois droit d'attendre plus de reconnoissance. L'équité demande que les noms militaires de MM. de Lannoy, Pradier, Etienne, Charasse, Deffez aîné & cadet, Villebrune, Routier, Rendu, &c. n'echapent pas à la mienne. Que ne m'est-il possible d'inscrire ici tous ceux qui se sont bravement montrés, & de qui je n'ai reçu que des honnêtetés !

Vous avez dû vous appercevoir, Messieurs, que les honorables membres de l'Assemblée, hier 23 à 6 heures du soir, étoient en très-petit nombre, assemblée, par conséquent illégale pour élire des Officiers de Milice, puisqu'ils n'excédoient pas 160, & que les divisions que j'avois l'honneur de commander, Vendredi 17, se montoient à peu près à 800 hommes sans compter la garde laissée au district.

Vous avez dû entendre, Messieurs, que ceux qui ont été opposés à la justice que nous avions lieu d'attendre, n'ont appuyé leur motion que sur ce que je n'étois pas domicilié. Je m'en rapporte à votre sagesse, Messieurs, décidez s'il vous plaît, si ceux-là ont le moins mérité de la confiance publique, qui, n'ayant aucune liaison dans Paris, étrangers venus pour leurs affaires, sans père ni mère, femme ni enfans à défendre, ont volé aux armes, & se sont bravement & honorablement comportés, dans cet horrible & pressant moment. Quelques Capitaines ayant fait la revue de leurs Compagnies; entr'autre, M. Deffez, sur soixante en trouva les trois-quarts non domiciliés. D'ailleurs, Messieurs, il est un fait très-constant, c'est que le septième, lorsque je signai la première liste des Citoyens qui se dévouoient volontairement pour la défense sacrée du Roi & de la patrie, j'eus l'honneur de prévenir M. le Président Bertolio, Electeur, que j'étois étranger, & non domicilié; personne de l'Assemblée ne l'ignoroit, & tout le monde me trouva bon. Lorsque M. le Président eut ordre de me faire prêter serment de fidélité & aux Citoyens d'obéissance, que l'on me remit le rôle, en me donnant le commandement en chef des deux cents braves, honnêtes & fidèles Citoyens, qui, pour avoir des armes, se sont présentés vers les six heures du soir à l'Hôtel de Ville, en place de Gréve, où une horde infernale de scélérats, déjà armés par nos ennemis, délibérèrent long-tems s'ils ne massacreroient pas ces braves gens, craignant que leur intention ne fût de les désarmer; on n'ignoroit pas alors que je demeurois chez M. Fontaine, hôtel de Berri, rue de la Harpe (1). Cependant d'un vœu unanime je fus

(1) Aux assemblées d'élection des députés des états-généraux, cette raison m'empêcha de paroître; mais quand

trouvé bon pour marcher à leur tête ; un écrit assez public, inutile : *récit des Tentatives* (1), &c. peut rendre témoignage que je me suis dignement acquité de cette mission, avec l'assistance de M. Feuillant de Maison-Neuve, jeune homme de vingt-deux ans.

Lorsque je reçus l'ordre de me rendre aux Chartreux à 9 heures du soir (2), à la tête de nos braves Soldats, piége qui nous étoit tendu par Flesselles (3), Prévôt des Marchands, pour conduire dans cette trappe les citoyens des Mathurins, on me trouva bon & suffisamment domicilié. Lorsqu'il fut question, sans

---

il fut question de prêter mon bras pour défendre la patrie, je passai par-dessus toutes ces sortes de préjugés & je me moquai de tous les petits désagrémens qui pouvoient s'en suivre.

(1) Chez M. Ballard, rue des Mathurins, où l'on verra clairément que M. de Flesselles & le Chevalier Quesnay jouoient pour lors entr'eux à qui feroit rouler la boule. Sans la prise de la Bastille par les braves Gardes-Françoises, assistés du Fauxbourg Saint-Antoine, la partie n'eut pas tourné ainsi pour ce dernier.

(2) Deux Districts dont le nom m'est inconnu, & notamment l'héroïne Bazoche, trompés par le même, étoient déjà aux portes & en-dedans de la cour du couvent.

Arrivés à la porte des Chartreux, je fis faire halte aux soldats citoyens, & accompagné de deux, je fus moi-même communiquer à ces Religieux, très-surpris, l'objet de ma mission, qui ne nous valut qu'un certificat négatif.

(3) Décapité le 14 Juillet 1789, à quatre heures du soir.

autres armes que des épées, de mauvais ſabres & des broches, de défendre le diſtrict pendant les horreurs de la nuit, contre des ennemis & des brigands armés, on me fit encore la grace de me trouver bon.

Le lendemain, lorſqu'il fut queſtion de voler aux Invalides, où tous les citoyens du diſtrict redoutoient la trahiſon, dont ils avoient failli la veille être les victimes; dans ce moment (1), où il falloit que deux ou trois cens hommes ſe fiſſent jour à travers de plus de dix mille, partie amis, partie ennemis, armés de fuſils, de bayonnettes, ſabres, épées, &c., pour arriver au dépôt des armes, dans d'horribles caves, couvertes de ſang, de corps mutilés & de cadavres, tous ces braves citoyens furent indiſtinctement trouvés bons, ainſi que moi pour marcher à leur tête; ils peuvent encore rendre témoignage de ma conduite en cette circonſtance; où la prudence les ayant fait dépoſer dans la cour, à tous excepté à moi, les malheureuſes armes blanches qu'ils avoient apporté avec eux, elles leur furent indignement ravies par la populace, malgré la garde de huit hommes (2). Le vendredi, 17 Juillet, lorſqu'il fallut commander en chef, à la tête des braves

(1) Environ vers les une heure apres-midi.

(2) Après avoir introduit les citoyens dans les dépôts, je revins tout ſeul dans la cour, où m'étant emparé du fuſil & bayonnette d'un homme, qui ne fit pas grande réſiſtance, je lui donnai ſix livres de récompenſe. Je me ſervis de cet arme comme d'un drapeau de ralliement, en mettant une feuille de papier au bout de la bayonnette.

& fideles citoyens, qui brûloient du desir & se faisoient un honneur sacré d'aller vers la Place Louis XV au-devant de notre Roi, *le meilleur qui jamais ait existé*, pour lui servir de boucliers contre ses mortels ennemis, d'abord on me trouva bon. Mais dans cette circonstance, on fut un peu plus jaloux de mon poste, & il me fut enlevé dans le milieu de la rue de la Harpe par un contre ordre, après néanmoins m'être volontairement & publiquement offert à M. le Président, qui siégeoit alors (1), (comme un commandant doit le faire) pour garder le poste du district que l'on m'avoit confié, pendant cette à jamais brillante & mémorable cérémonie (2). Mais pour ne pas causer de désordre dans un si beau moment, je me fis (comme de raison) un très-grand honneur de commander la seconde division, & la querelle fut terminée.

Dans cette superbe matinée, m'étant rendu de grand matin à l'Hôtel-de-Ville, pour recevoir les ordres de la marche que nous devions tenir, un des honorables membres du comité permanent de la Ville, (dont je regrète fort ne pouvoir me

(1) Ainsi que M. Caillot, Avocat, le certifiera.

(2) Celui qui alors commandoit en chef ayant préféré aller avec six hommes recevoir le Roi à l'Hôtel-de-Ville, de concert avec M. le Président, me choisit lui-même, pour commander en chef à la Place Louis XV. Le capitaine Chevalier de Favanne commanda & garda le district pendant la cérémonie.

rappeller le nom) me fit l'honneur, en m'interprêtant les ordres du Général, de me recommander de sa part, d'ôter la poudre des bassinets, & de prendre toutes les précautions nécessaires contre les accidens. De retour au district, seul alors, je fis afficher au coin des rues du district un ordre signé de ma main, pour que les citoyens eussent à se rendre incessamment au quartier général, & être à neuf heures sous les armes, pour marcher au-devant du Roi, vers la Place Louis XV, recommandant à chacun, pour prévenir les accidens, d'ôter la poudre des bassinets ou les pierres des fusils, (nous étant défendu dans la nuit avec des sabtes & des épées seulement, je croyois des bayonnettes suffisantes pour ce jour de paix). Mais dans l'instant mes ordres sont déchirés par tout, à l'exception d'un seul que l'on destine à ma condamnation, & l'on propose de me faire jouer le dernier rôle du Prévôt des Marchands. La conspiration fut portée à un point que je jugeai prudent de me rendre à Saint Severin pour me justifier; & là, un soldat en uniforme soutint que j'avois changé d'habit & que j'étois vêtu de rouge (1), (je n'en ai point porté de cette couleur puis deux ans que je suis à Paris). Ici, je ne puis passer sous silence les accidens qui sont malheureu-

(1) Le Président de ce district m'ayant reconnu, ferma la bouche à tout propos.

ſement arrivés dans cette à jamais célèbre journée, notamment celui d'une bale qui, après avoir effleuré l'épaule de M. Bardin, Marchand Epicier, rue de la Harpe, tua derriere lui Madame de St.-Meſme (1), une minute ou deux après le paſſage du Roi, ſous le drapeau même des Mathurins, eſcorté & porté par trois de ces reſpectables Religieux; place ou j'aurois dû être, ſi je n'eus préféré ſervir de garde à un quatrième, en hommage & reconoiſſance de tous les ſecours alimentaires que ce digne Couvent n'avoit ceſſé de nous procurer.

Beaucoup d'autres accidens avoient été occaſionnés par les coups de fuſils que l'on entendoit de toutes parts, & en faiſoient craindre le plus horrible des malheurs, lequel, s'il fut arrivé, eut fait nager les François dans leur ſang, les eut aſſervis ſous le joug du deſpotiſme le plus affreux & troublé le repos des deux mondes. Le ſang glacé d'effroi, à cette horrible perſpective, j'eus la témérité de menacer de tuer de ma main celui de la ligne des Mathurins qui auroit l'audace de lacher un coup de fuſil. Honneur & remercimens leur ſoit rendus, aucun ne murmura, la menace fit ſon effet; les

(1) Rue Rochouard, Barriere Cadet, aux Quatre-Bornes, eſt la demeure de l'époux & des trois enfans en bas âge de cette dame, qui un moment avant ſon malheur avoit déjà diſtribué beaucoup d'argent, pour avoir des vivres aux pauvres gens qui en demandoient.

témoins peuvent attester que pas un coup n'a parti sur la ligne des Mathurins, qui ont fait indistinctement prisonniers tous ceux qu'ils ont trouvé sous leurs mains coupables de cette étourderie. Au retour de Sa Majesté, je m'empressai d'aligner mes divisions sur le côté de la rivière comme le plus dangereux, & veiller du côté du quartier Saint Germain, d'où sembloit partir des coups de carabines. M. Condé, Avocat au Parlement, eut ordre de passer l'eau avec trois hommes pour surveiller davantage, & s'acquitta dignement de sa mission. Les troupes étant alignées, plusieurs femmes, de toutes les classes, effrayées sembloient implorer notre protection; je fis la motion, que, puisqu'il y en avoit une qui avoit eu le malheur de périr sous notre drapeau, nous devions leur servir dorénavant de bouclier & les engager à passer devant nous. Un cri de quel est le sot, quel est l'imbécile qui propose de pareilles choses, se fait entendre : le plus grand nombre se range de mon avis ; mais l'acharnement des premiers l'emporte, nos innocentes victimes, restent derriere exposées comme auparavant. Les opposans étoient-ils des François?

Le nombre des disputes sanglantes que j'ai eu le bonheur d'appaiser sur cette place, par les voies de la douceur & de l'honnêteté, les ralliemens & le retour en bon ordre, ont peut être prouvé qu'il peut y avoir des non-domiciliés capables de commander; & les malheurs arrivés, que ma précaution, non moins bonne que prudente, ne méritoit pas la proposition qui m'avoit été faite le matin.

Ma conduite, Messieurs, dans les Assemblées civiles, à l'exception peut être de quelques mots aussi vifs que fermes, dans certains momens, est, je crois, également irréprochable, s'il m'est permis j'en citerai seulement une preuve.

Le lundi 20, sur les six heures du soir, au moment où il s'agissoit de donner aux officiers militaires de nouveaux pouvoirs & de confirmer leur élection, les membres de ce comité mécontens, désemparerent tout à coup de la salle, ne laissant que trois autres (1) & moi de soumis aux délibérations de l'assemblée, à laquelle les chefs avoient prêtés serment de fidélité; le président, qui siégeoit alors, jettant les yeux autour de lui, s'écria d'un ton d'indignation & à très-haute voix : *Il n'y a que M. le Chevalier Quesnay de sage dans ce comité.*

Incontinent cet honorable membre fit dresser un procès-verbal de ma conduite, depuis le lundi 13 jusqu'à cette époque, à dessein de l'envoyer à l'Hôtel-de-Ville. Ce Président eut même l'honnêteté de me faire un compliment très-flatteur assurément,

---

(1) MM. les Chevaliers de Favanne, d'Orville & M. Deffez n'ayant prêté aucun serment ne savoient trop à quel comité obéir & s'étoient levé d[illegible]es.

(1) mais que je priai l'honorable membre d'adresser aux citoyens qui l'avoient beaucoup mieux mérité que moi. Il me fit de plus l'honneur de me prier au nom de l'assemblée, *de continuer les fonctions de la place de commandant en second que j'avois bien voulu accepter, lorsque je remis à un autre mon commandement en chef* (2). Il importe peu de quelle maniere le bien se fasse, pourvu qu'il s'éxécute.

Cependant, Messieurs, je me trouve forcé de vous informer que pour me noircir à vos yeux, il a plu à quelqu'un, dans lequel vous avez pleine confiance, d'insinuer que j'étois un espion ; mais ce propos tombe de lui-même, parce qu'il n'a pas eu de conséquences malheureuses. Il lui a plu en outre d'avancer que j'avois donné des ordres pour aller enlever des farines à l'Enfant-Jesus, Fauxbourg Saint-Marceaux. Le fait est si faux, que je n'ai eu connoissance de cette hostilité qu'hier 23 à midi, en recevant l'ordre du Général à l'Hôtel-de-Ville. Le capitaine qui a été chargé de cette expédition, & que je ne connois même pas, peut s'il est appellé & s'il est honnête m'absoudre de cette faute. D'ailleurs, tous les honnêtes citoyens, témoins de ma conduite, peuvent attester que

(1) Tel que la modestie ne me permet pas de l'insérer ici.

(2) Cet article fut, je crois, inséré dans le Procès-verbal qui, le lendemain, fut lu à l'ouverture de la séance & envoyé à l'Hôtel-de-Ville.

j'ai

j'ai toujours été contraire à ce que l'on s'écarta du district, sans des ordres supérieurs, regardant ces marches outrées & déplacées comme des excursions ambitieuses, qui ne peuvent qu'occasionner du tumulte & des désordres (1). A plus forte raison craignant de laisser sans défense le district que l'on m'avoit confié, je me suis opposé au projet que l'on formoit de suivre, vendredi 17, Sa Majesté à Versailles, & à ce sujet un homme en défilant m'insulta par des termes très-grossiers sans qu'il m'ait été possible d'en tirer vengeance.

Maintenant, Messieurs, que chacun de nous cherche à se maintenir dans le grade qu'il a gagné par sa bonne conduite & sa bravoure. Je trouve une opposition innattendue, pour me maintenir dans celui où la delicatesse & une modeste déférence m'ont fait descendre ; il seroit, selon moi, d'une plus grande importance de chercher à le conserver, si les dangers actuels étoient plus évidens ? Mais dans un temps de paix ces postes deviennent bien moins importans : c'est l'unique consolation que j'éprouvai hier, au moment où les délibérations de votre respectable Assemblée ont déclaré tous les non - domiciliés incapables de commander : ce n'est pas qu'il n'y

(1) Si le sang innocent n'a point coulé dans ce moment de rage & de juste vengeance c'est à la prudence & à la modération de beaucoup de chefs & capitaines que l'on doit ces traits d'humanité.

ait infiniment de bon ſens dans cette oppoſition ; mais il pourroit y avoir beaucoup d'amendemens à la regle.

Je parlerois contre mes ſentimens, ſi je prétendois cenſurer cet article du réglement de la Milice Bourgeoiſe, qui eſt prudent, ſage, & fait honneur aux Légiſlateurs : mais auſſi, ſelon toute équité, doivent-ils réunir ces mêmes principes pour s'oppoſer aux injuſtices, balancer & modérer l'activité de certaines perſonnes qui s'occupent entiérement à enſévelir dans l'oubli la mémoire de pluſieurs étrangers, qui des premiers ont coopéré à cette révolution, & agi de tous leurs pouvoirs pour en aſſurer l'heureux & prompt dénouement.

Il eſt peut-être prudent de ne pas laiſſer de commandement actif à quelques-uns ; mais s'il y a de l'exception, doit-elle être générale ?

Par la ſuite, ces mêmes étrangers peuvent être dans le cas de s'établir, de ſe domicilier même dans le lieu & parmi les citoyens qu'ils ſe ſont faits un devoir de défendre : ils rentreroient alors facilement & légitimement, à leur tour, dans leurs premiers droits, s'ils étoient munis d'un brevet de la Ville, à la ſuite du poſte que chacun d'eux a honorablement occupé le premier, dans les momens de criſe de cette fameuſe révolution.

Malgré les offres réitérés que j'ai fait d'entrer ſur-le-champ en domicile, à la faveur de ceux que plusieurs honnêtes Citoyens se sont empressés de me faire, mes opposans ont agi avec tant d'adresse, en embrouillant la matiere, & sans même proposer mon nom, par des minuties tant ennuyé mes partisans, qu'ils se sont en allés de l'Assemblée, & par-là procuré les moyens d'en nommer un autre (M. Leulier, rue St. Jacques), dont je suis loin de critiquer le mérite, à la place que j'avois gagné autant par ma conduite que par mes sentimens.

D'ailleurs, Messieurs, vous me permettrez de vous observer que cette maniere d'élire des Officiers Militaires, en faisant lever ou asseoir les oui ou les non, est un peu vicieuse ; c'est exposer tous les opposans à la haine & au ressentiment de celui auquel, sans néanmoins manquer d'estime pour sa personne, on ne croit pas devoir donner sa voix. Son élection pour lors dépend beaucoup de ses liaisons secrettes, & absolument de ses qualités morales, de sa douceur ou de sa méchanceté.

Vous me ferez peut-être l'honneur de m'objecter, Messieurs, qu'avant de procéder à l'élection par cette sorte de scrutin, j'avois donné ma démission. Cela est vrai ; mais avant de signer cet acte involontaire. Satisfait du poste que j'avois, M. le Chevalier de Favanne & moi avons eu l'avantage d'en donner connoissance à M. le Président & autres honorables Membres, regardant comme un piege cet acte de démission que le Comité Militaire signoit unanimement, en nous invitant à ſuivre ſon exemple : mais M. le Préſident nous ayant conſeillé de faire comme les autres, ſauf à proteſter enſuite, nous avons ſigné.

Je vous prie donc, Meſſieurs, au nom du reſpect que je vous dois, d'être aſſurés que ce n'eſt nullement dans l'eſpoir que juſtice me ſoit perſonnellement rendue, que j'ai l'honneur de vous adreſſer cette petite doléance.

Quand même c'eût été mon intention, l'exécution m'en eût paru preſque impraticable, vu l'acharnement & les liaiſons ſecrettes des oppoſans du Diſtrict.

Mais il eſt très à craindre, Meſſieurs, qu'après avoir évanté la mêche, & paré le coup terrible d'une des plus noires & des plus affreuſes trahiſons dont l'hiſtoire ait jamais fait mention, nous ne ſoyons tous journellement les victimes d'une infinité de cabales fomentées par certaines gens qui, pour ſe venger de leurs querelles perſonnelles, profitent ordinairement de ces ſortes de révolutions pour s'emparer de pouvoirs qui, par la ſuite, les mettroient à portée de faire pour le moins autant de mal que les ariſtocrates ont voulu nous en faire, & qui, ſans le ſecours de vos lumieres & de votre ſageſſe, rallumeroient inſenſiblement le feu que nous venons d'éteindre.

J'ai l'honneur de vous le réitérer, Meſſieurs; ce n'eſt ni la vanité, encore moins la ſotte gloriole de vouloir conſtamment paroître à la tête d'un des ſoixante Diſtricts de Paris, qui me dicte cette réclamation ? Tout brave & refpectable que celui des Mathurins vient de fe montrer, il me fuffit d'avoir eu l'honneur d'être leur Chef dans les momens de dangers ; nous avons lieu d'efpérer & de croire que tant qu'il exiftera une pierre fur l'autre dans cette Capitale de la France, il ne s'offrira pas de révolution femblable à celle du 12 au 17 Juillet 1789. Toute ma vie, & en quelque partie du monde où je me trouve, en pourfuivant une affaire d'un tout autre genre, qui m'a appellé de l'Amérique feptentrionale en Europe ; oui, toute ma vie, Meffieurs, je me ferai honneur & gloire d'avoir été le Commandant Général des Milices du Diftrict des Mathurins, pendant les momens les plus terribles de la révolution actuelle.

Mais, Meffieurs, fi le malheur vouloit qu'un autre défordre fe renouvellât tandis que je ferai en France, à titre de Soldat & non de Commandant, je me ferai un devoir de continuer à vous donner des preuves & de vrais témoignages du dévouement, du refpect & de reconnoiffance avec lefquels je fuis,

MESSIEURS,

Des honorables Membres, Repréfentans Civils du Diftrict des Mathurins,

Le très-humble & très-obéiffant Serviteur,

LE Chr. QUESNAY DE BEAUREPAIRE.

Ancien Commandant en Chef de la Milice Parifienne des Mathurins, Préfident de l'Académie des Sciences & Beaux-Arts de Richemond en Virginie.

Nous soussignés certifions véritables l'exposé & les détails contenus dans cette Adresse.

CITOYENS.

DAMOURS DE BEAULIEU, Avocat.

ADRIEU, Lieutenant de la Compagnie de Leulier.

DEFFEZ, Aide-Major du District, Avocat au Conseil Supérieur de la Martinique.

COURTIER, Soldat Citoyen.

FONTAINE, Soldat Citoyen.

LAFORTUNE, Lieutenant.

CITOYENS NOBLES.

Le Chevalier D'ORVILLE, de l'Ordre de St. Louis, Aide-Major.

Le Chevalier D'ORVILLE, fils, Capitaine.

Le Chevalier DE FAVANNE, Capitaine.

Des milliers de Citoyens de toutes les classes auroient signé le présent, si le temps & la place l'eussent permis, ou s'il eût été nécessaire.

Nota. Un rapport très-détaillé de ce qui s'est passé sous les yeux des Citoyens de ce District, sera incessamment adressé à M. le Marquis DE LA FAYETTE, Général de la Milice Parisienne, par celui qui commandoit en Chef le District des Mathurins, du 13 Juillet au 17, & en second, depuis le 17 jusqu'au 23 du même mois 1789.

Réponse du Comité à M. le Chevalier Quesnay de Beaurepaire.

MONSIEUR,

Le Comité du Diſtrict des Mathurins a reçu la lettre que vous lui avez adreſſée : nous ne ſommes point Juges des Arrêtés pris par l'Aſſemblée générale de ce Diſtrict ; ainſi il ne nous eſt pas poſſible de prendre aucun parti ſur les plaintes que vous nous adreſſez : nous prenons celui de renvoyer votre lettre à l'Aſſemblée générale.

Nous ſommes avec eſtime,

MONSIEUR,

Vos très-humbles & très-obéiſſans ſerviteurs,
Les Membres du Comité Civil des Mathurins.

LESPARAT, Préſident du Comité Civil du Diſtrict des Mathurins.

DOCHE, Secrétaire.

Paris, ce 24 *Juillet* 1789.

MERCREDI 29 Juillet 1789, à 8 heures du ſoir, n'ayant point encore reçu de réponſe de l'Aſſemblée générale des Mathurins, je me suis décidé à livrer cette Adresse à l'impression. Un Poste (1.) dont je ne suis plus jaloux, vient de m'être usurpé; il pourroit en être ainsi du droit de rendre les hommages dus aux Martyrs de la Liberté Françoise, & à tous les braves & fideles Citoyens qui, pour la défendre, se sont distingués sous mes ordres & sous mes yeux depuis le 13 Juillet jusqu'au 23.

Lorsque j'eus l'honneur d'envoyer cette Adresse à l'Assemblée générale du District, je ne m'attendois pas à la publier; mais, m'y voyant forcé, j'ai été obligé, sans en changer le sens, d'y ajouter quelques notes nécessaires à la mémoire de ceux que mon devoir m'ordonne de ne pas oublier; cette attention étant la plus urgente & la plus sacrée d'un Commandant en Chef.

Le Chr. QUESNAY DE BEAUREPAIRE.

---

(1) Avant de nous destituer, je ne sais si c'étoit le projet de nous rendre l'insulte plus piquante; mais dans la matinée on a eu l'attention d'afficher, sans notre aveu, dans les rues du District, un Imprimé contenant nos noms à la tête du Poste que chacun de nous occupoit alors.

Il est bon d'observer que le District des Mathurins s'est fort bien passé des lumieres & de l'assistance des braves Gardes-Françoises, tant que nous avons eu l'honneur de participer au Commandement.

COPIE

D'un Procès-Verbal des Citoyens du District de St. André-des-Arcs, envoyé à MM. de l'Etat-Major de l'Hôtel-de-Ville de Paris, le 30 Juillet, à sept heures du soir.

CE Jeudi 30 Juillet 1789, à cinq heures du soir, est entré de force dans la maison & boutique du sieur Courtier, Marchand Layetier, située rue de la Harpe, adjacente à l'hôtel de Berri, District St. André-des-Arcs, le nommé ***, Procureur, se disant Commandant en second du District des Mathurins, pour enlever avec dureté & menace, assisté de douze hommes armés de bayonnettes, M. le Chevalier Quesnay de Beaurepaire, ancien Commandant en Chef du District des Mathurins, & forcer ledit sieur Quesnay de lui produire l'Imprimé, dont le manuscrit avoit été envoyé le 24 au Comité civil du District des Mathurins, & lui en défendre la publication; enlever aussi M. le Chevalier de Favanne, Capitaine, pour avoir été soit-disant prendre le mot de l'ordre à l'Hôtel-de-Ville ce 30 Juillet 1789. De plus, le nommé *** a très rudement traité, repoussé & violenté M. Lecardieu, Marchand de Vin, qui vouloit entrer dans la maifon de fon voifin, où l'on commettoit des violences. La conduite atroce du nommé *** a interrompu pendant une heure au moins le commerce, & troublé le repos public. S'il n'y a pas eu de fang de répandu dans cette maifon, nous le devons à la prudence de M. le Chevalier Quefnay.

Nous certifions de plus que la vie des fieurs Chevaliers Quefnay & de Favanne n'eft point en sûreté, par les menaces & les fauffes accufations que les deux Officiers en Chef du Comité Militaire du Diftrict des Mathurins, n'ont ceffé de répandre fur leur compte.

Nous les Chevaliers Quefnay de Beaurepaire & de Favanne, Officiers, conjointement avec MM. les Citoyens de ce Diftrict, obfervons humblement à MM. de l'Etat-Major de l'Hôtel-de-Ville, que ce n'eft pas là la liberté & les fecours pour lefquels nous avons combattu. Nous demandons juftice de cet infulte.

Signés, *Lecardieu*, *Courtier*, *Norbert*, *Morel*, *le Chevalier de Favanne*, *le Chevalier Quefnay de Beaurepaire*.

Nota. Qu'il eft doux de rifquer fa vie pour des Citoyens honnêtes & reconnoiffans! Cet attentat a failli occafionner une émeute à la fois terrible & attendriffante ; une foule de Citoyens des deux fexes & de toutes les claffes s'armoient déjà de leur mieux pour exterminer ces téméraires, s'ils euffent ofé attenter plus long-temps à la liberté de ceux auxquels ils fe croient en partie redevables de la leur.

Aujourd'hui, ce 10 Août, n'ayant reçu aucune réponse de la Ville ni de l'Assemblée du District, je me suis vu forcé de livrer ce rapport à la publicité.

COPIE

Du récit des tentatives du District des Mathurins, pour se procurer des armes & munitions dans la journée du Lundi 13 Juillet 1789.

Imprimée le 16, chez BALLARD.

Le District de Mathurins s'étant assemblé le Lundi 13 du courant, après s'être constitué par la nomination d'un Président & autres Officiers, s'est occupé de dresser un rôle de tous les Citoyens du District en état de porter les armes.

Pendant que l'on inscrivoit tous les Citoyens qui s'étoient empressés de se rendre à l'Eglise de MM. les Mathurins, on a envoyé des Députés à l'Hôtel-de-Ville pour demander des armes & des munitions de guerre.

Les Députés du District sont venus annoncer qu'il avoit été arrêté à l'Hôtel-de-Ville, que chaque District enverroit, dans l'après-midi, deux cens hommes, auxquels on délivreroit des armes à l'Hôtel de-Ville.

On a dressé sur-le champ un rôle de deux cens Citoyens, commandés par M. le Chevalier Quesnay de Beaurepaire, Commandant, assiste de M. Feuillant de Maisonneuve, qui étoient porteurs d'un rôle, contenant les noms de chaque Soldat Citoyen qui composoit la Compagnie. Ce rôle étoit signé par le Président & le Secrétaire de l'Assemblée (1).

La Compagnie du District étant arrivée à l'Hôtel-de-Ville, M. le Ch[r]. Quesnay de Beaurepaire, Commandant, & M. Feuillant de Maisonneuve, se font présentés au Bureau ou le Comité qui y siégeoit. M. de Flesselles, qui le présidoit, donna des paroles au lieu des armes qui avoient été promises; il exhorta à la patience, & renouvella ses promesses.

Le Commandant insista. Sur son nom & son titre, M. de Flesselles lui demanda s'il étoit noble.... *Oui, Monsieur, je le suis... Ah! vous êtes noble!* .... M. le Chevalier Quesnay de Beaurepaire, Commandant, & M. Feuillant de Maisonneuve, voulant justifier à l'Assemblée qu'il les avoit honoré de leur mission, qu'ils s'en étoient acquittés, demanderent que le rôle des Soldats Citoyens fût visé par M. de Flesselles.

M. de Flesselles écrivit de sa propre main sur le rôle présenté par M. le Chevalier de Beaurepaire :

« J'ai vu l'état; j'enverrai les dispositions ultérieures très incessamment ».

Signé DE FLESSELLES.

---

(1) Avant de partir du District, les Citoyens déposerent entre les mains des Religieux, les cannes & les épées dont ils étoient munis, & jusqu'à leurs cocardes vertes, afin de ne point avoir l'air de séditieux, titre qui répugnoit également à tous.

La Compagnie des Soldats Citoyens du Diſtrict des Mathurins, s'étant rendue à l'Aſſemblée (on ne peindra pas la juſte indignation de chacun des Citoyens qui ſe voyoient joués d'une maniere auſſi atroce, on envoya de nouveaux Députés (1) à la Ville, avec ordre d'inſiſter ſur la néceſſité de fournir des armes.

Les Députés rapporterent un écrit conçu en ces termes :

« (2) Le Comité permanent de la Milice Pariſienne » invite MM. les Chartreux de faire remettre aux » Citoyens du Diſtrict des Mathurins, cinquante » fuſils. A Paris, ce 13 Juillet 1789.

Signé * * * * * *.

Et au deſſous, DE FLESSELLES.

Auſſi-tôt cinquante Soldats Citoyens furent nommés

---

(1) Une heure après le départ de ces Députés, l'Aſſemblée ne les voyant pas revenir, conçut des inquiétudes ſur leur ſort, vu les dangers que les deux cens premiers avoient couru. On eut de la peine à décider une autre députation. Enfin, M. le Chevalier Queſnay ſe mit à la tête de vingt hommes, & retourna à l'Hôtel-de-Ville, où les cinq Députés lui remirent le préſent ordre, à l'inſtant où il ouvrit les portes de la ſalle où ſiégeoit le Comité permanent.

(2) Pour prévenir tout accident ou mépriſe, j'ai eu la précaution, le 15 Juillet dernier, d'aller lire & montrer le billet, l'écriture & la ſignature à pluſieurs milliers de perſonnes au Palais-Royal. Ces originaux ſont maintenant dépoſés au Comité civil du Diſtrict des Mathurins.

pour se rendre aux Chartreux, sous le commandement de M. le Chevalier Quesnay de Beaurepaire.

Ils revinrent, & rapporterent, au lieu d'armes, le certificat suivant.

« *Je soussigné, Prieur de la Chartreuse de Paris, » certifie qu'il n'y a chez nous aucune arme à feu » ni arme blanche, & qu'il n'y en a jamais eu. A » Paris, ce 13 Juillet 1789.*

Signé Frere FÉLIX DE NONANT.

Le District, une seconde fois trompé, contint ses justes plaintes, & ne s'occupa dans le moment que de l'ordre à établir pour ses Patrouilles, pendant la nuit qui approchoit. Il se passa des armes qui lui avoient été promises, avec l'intention de ne pas les lui fournir. Quelque soit la maniere dont sont armés des Citoyens braves, & qui combattent pour la bonne cause, leur triomphe est toujours assuré.

Le District des Mathurins a eu la satisfaction de maintenir dans son arrondissement, l'ordre & la tranquillité pendant la nuit du 13 au 14. Depuis il s'est procuré des armes; il ose assurer protection à tous les bons Citoyens, & punition aux ennemis de la Patrie & aux perturbateurs du repos public.

Signé BERTOLIO, Président & Electeur.

REGNAULT, Secrétaire.

Cette Adresse se trouve chez LAPORTE, *rue des Noyers, & chez tous les Marchands de Nouveautés.*

P. S. Dans un moment où chacun craignoit de se voir assiégé par le fer, le feu & la famine, peu de Citoyens songerent à fouiller dans leurs archives, pour savoir de quel District ils étoient : par conséquent les Soldats se trouverent un peu mêlés dans les premiers jours de crise.

Le District des Mathurins étoit, en partie, composé de Citoyens de St. André-des-Arcs, de St. Severin, de St. Etienne-du-Mont, des Cordeliers, & d'Eleves en Chirurgie.

Ceux de Saint-André me firent l'honneur de me réclamer le second jour, en m'offrant de me donner chez eux le même commandement que j'avois : je suis persuadé que je n'y aurois pas essuyé les mêmes désagrémens ; mais ayant été jusqu'alors fraternellement & cordialement traité aux Mathurins, je préférai de rester avec mes premiers compagnons de malheurs. Il n'est pas toujours vrai néanmoins qu'une ou deux brebis galeuses gâtent un troupeau ; car la très-grande majorité des habitans de ce District n'a jamais approuvé l'injustice qui nous a été faite. Parmi les cinq congédiés, il en est quatre domiciliés : mais aussi pourquoi sont-ils *nobles ?*

Lorsque j'eus cédé mon commandement en chef à un Citoyen, pour des raisons de justice & de reconnoissance que j'expliquai à l'Assemblée par un petit Discours, celui à qui je le remis en fit un autre le lendemain au Comité Militaire, à-peu-près calqué sur le mien, mais l'assaisonnant de B.... & d'F...., expliquoit très-éloquemment & énergiquement, qu'il n'étoit plus f.... pour être commandé par de b..... de Nobles. Je lui répondis qu'il avoit raison ; que ce que j'avois fait n'étoit que pour lui donner charge de revanche.

Le Chr. QUESNAY DE BEAUREPAIRE.

AVIS AUX CITOYENS.

Un grand brasier couvert de cendres, entretenu par des ennemis enragés, perfides & jaloux, existe encore dessous nos pieds. L'émeute de la nuit du 6 au 7 Août en est une preuve bien convaincante. O mes chers Concitoyens ! au nom du Dieu qui vient visiblement de se montrer le fléau des méchans & le protecteur des bons ! sans jamais manquer au respect & à la reconnoissance dus à notre auguste Monarque, sans violer le droit des gens, ni déroger aux sentimens de l'humanité, tenons-nous sur nos gardes, & ne vous assoupissez pas sous les lauriers de la victoire que vous venez de remporter.

Hier, 6 Août, je fus examiner cette fameuse platte-forme de Montmartre. Le résultat de mes examens & réflexions a été que, la prudence des Parisiens exige, au lieu de continuer cet ouvrage, de faire incessamment sauter & détruire cette redoute infernale qui, commandant tout Paris, peut, en 48 heures de temps, réduire en cendres cette Capitale de la France : si l'humanité de ses habitans demande que l'on emploie les malheureux, qu'ils le soient plutôt à couper à pic tout le tour de cette bute, pour la rendre inaccessible, ou à la construction d'une autre platte-forme à son extérieur, pour empêcher l'ennemi d'en approcher.

Le Chr. QUESNAY DE BEAUREPAIRE.

De l'Imprimerie de LAPORTE, rue des Noyers.

www.ingramcontent.com/pod-product-compliance
Lightning Source LLC
LaVergne TN
LVHW020257230826
846091LV00006B/2453
9782013378628